# LA GUERRE DU VIÊT NAM

## Un conflit meurtrier au cœur de la guerre froide

Par Mylène Théliol

# LA GUERRE DU VIET NAM (1955-1975)

- **Quand ?** Du 1er novembre 1955 au 30 avril 1975
- **Où ?** Au Viêt Nam
- **Contexte ?** Guerre idéologique et militaire entre le Nord Viêt Nam communiste (République démocratique du Viêt Nam) et le Sud Viêt Nam (République du Viêt Nam) nationaliste avec le soutien de la force armée américaine, suite à la fin de la guerre d'Indochine (1947-1954)
- **Belligérants ?** L'armée nord-vietnamienne communiste et le Viêt-cong contre l'armée du Sud Viêt Nam et l'armée américaine.
- **Acteurs principaux ?**
  - Hô Chi Minh (1890-1969), homme politique vietnamien d'obédience communiste et père de la nation du Nord Viêt Nam, chef du gouvernement de la République démocratique du Viêt Nam de 1945 à 1955
  - Jean-Baptiste Ngô Dinh Diêm (1901-1963), homme politique vietnamien anticommuniste et président de la République du Viêt Nam de 1955 à 1963
  - Nguyên Van Thiêu (1923-2001), général des armées du Sud Viêt Nam et président de la République du Viêt Nam de 1967 à 1975
  - Lyndon Baines Johnson (1908-1973), homme politique américain et président des États-Unis de 1961 à 1969
- **Victimes ?**
  - Deux millions de Vietnamiens perdent la vie durant ce conflit, dont 1,3 million de soldats.
  - Du côté américain, on compte 60 000 soldats tués.

Si l'on considère la période de la guerre froide (1947-1991), la guerre du Viêt Nam est le conflit le plus long et le plus tragique de l'histoire du Viêt Nam et des États-Unis.

La désunion des deux territoires, Nord et Sud, issue du combat indochinois contre la France coloniale entre 1947 et 1954, est le point de départ d'un conflit politique et militaire qui engendre un épuisement profond de la population vietnamienne au cours de ces 20 ans de guerre. L'intervention américaine, à partir de 1964, ne fait qu'amplifier les rancœurs entre les deux peuples idéologiquement opposés et traumatise l'ensemble des Vietnamiens. Les attaques et les bombardements laissent le pays exsangue et impuissant à maîtriser le déferlement de déchets toxiques qui menacent aujourd'hui encore la santé de ses habitants.

La guerre du Viêt Nam a eu des répercussions sans précédent dans la politique américaine, mais aussi au sein même de la population étasunienne qui a vu toute l'horreur que pouvait engendrer une guerre à outrance contre des ennemis parfois indétectables, voire imaginaires. Ce conflit demeure dans la mémoire des vétérans américains comme une catastrophe humaine, et forme pour la population vietnamienne une plaie difficile à se refermer.

# CONTEXTE POLITIQUE ET SOCIAL

## LA COLONISATION FRANÇAISE EN INDOCHINE

Le Viêt Nam est une colonie française de 1883 à 1954. Morcelé en trois États distincts, le Tonkin, la Cochinchine et l'Annam, il est intégré à partir de 1887 dans l'Union indochinoise, qui rassemble également le Laos et le Cambodge. La colonisation française gère le pays de façon partiale. Elle multiplie les plantations agricoles de thé, café, riz, poivre, hévéa et exploite des minerais de charbon, de zinc et d'étain au profit de la métropole. Les autochtones n'ont pas les mêmes droits que les populations européennes minoritaires dans le pays. Bien que ni le code de l'indigénat ni le système complet d'acculturation ne soient mis en place comme dans les colonies d'Afrique, la population du Viêt Nam forme un prolétariat composite qui travaille dans les rizières, les usines ou les mines.

### LE SAVIEZ-VOUS ?

L'indigénat est une législation régie par un code et instaurée dans les colonies françaises à partir de 1887. Elle distingue deux catégories de population : les citoyens français issus de la métropole et les sujets français (Africains, Algériens, Malgaches, Antillais...). Ces derniers sont privés de la majeure partie de leurs libertés et de leurs droits politiques. Ils ne conservent sur le plan civil que leur statut personnel d'origine religieuse ou coutumière. Le code de l'indigénat assujettit les colonisés et les travailleurs immigrés aux travaux forcés, aux réquisitions, aux impôts de capitation sur les réserves et à un ensemble d'autres mesures discriminatoires.

Le concept d'acculturation dans les colonies, quant à lui, est basé sur le système de l'assimilation ou de l'association : les autochtones sont obligés d'apprendre la culture des colons par le biais de l'école laïque et religieuse. Les traditions sont dénigrées au profit des mœurs occidentales. Les modes de pensée et de vivre coutumières sont désavoués par l'administration coloniale, qui impose un système et une façon de vire calquée sur le modèle européen.

Les Vietnamiens sont soumis à un régime de travail sévère comme des retenues sur le salaire et des châtiments corporels assez fréquents. Cette oppression patronale favorise la naissance d'un mouvement nationaliste et communiste. Ce dernier prend naissance en 1930 sous la houlette de Nguyên Ai Quoc (1890-1969), le futur Hô Chi Minh, qui crée le Parti communiste vietnamien.

Hô Chi Minh en 1921.

Cette organisation forme d'abord une section du Parti communiste français, puis, à partir de mai 1931, est reconnue comme section de l'Internationale ouvrière et prend le nom de Parti communiste indochinois (PCI). De ce parti naissent les premières contestations indépendantistes qui s'accentuent en 1941 avec la création, par Hô Chi Minh, du

Viêt-minh, organisation issue de la fusion du Parti communiste indochinois et de groupes nationalistes. Le Viêt-minh jette les bases d'une résistance d'abord antifrançaise puis antijaponaise (l'Indochine étant occupée par les Japonais entre mars et septembre 1945).

Son mouvement se développe surtout à partir du début de l'année 1945 grâce à l'aide matérielle des Américains qui, à l'issue des conférences de Yalta (4-11 février 1945) et de Potsdam (17 juillet-2 août 1945), décident de chasser la France d'Indochine. Pourtant, dès l'instauration du gouvernement provisoire français, après la chute du régime de Vichy et la libération de la France, la métropole réinvestit le territoire indochinois sous l'impulsion du Général de Gaulle (1890-1970). Les troupes japonaises et britanniques quittent l'Indochine.

Cependant, le Viêt-minh et d'autres groupes indépendantistes cherchent à établir leur autorité sur le territoire vietnamien. Hô Chi Minh lance un appel à l'insurrection générale le 13 et le 19 août 1945. Le parti prend possession de tous les services publics d'Hanoï. Le 20 août, l'ensemble du Tonkin (Nord Viêt Nam) est aux mains des comités révolutionnaires.

Faisant suite aux exactions commises à l'encontre des citoyens français, la France réagit en envoyant des troupes armées. Pourtant, des négociations avec le Viêt-minh aboutissent aux accords du 6 mars 1946 aux termes desquels le Viêt Nam est reconnu par la France comme un État libre, mais pas indépendant. Malgré la signature des accords, la métropole décide de reprendre les hostilités contre le Viêt-minh et de se réapproprier le Viêt Nam. S'ensuit une guerre ouverte entre la France et le Viêt Nam.

## LA GUERRE D'INDOCHINE 1946-1954

À la suite du départ des Japonais de l'Indochine, les Français veulent reprendre leurs colonies asiatiques et notamment le Viêt Nam, alors aux mains du Viêt-minh qui souhaite que le pays devienne une République communiste indépendante.

La guerre débute avec le bombardement de Haiphong le 23 novembre 1946. Ce grand port est repris aux communistes après plusieurs destructions de quartiers. En représailles, le Viêt-minh exécute des Français à Hanoï le 19 décembre. Cet acte entérine alors un conflit déjà latent entre, d'un côté, le Viêt-minh mené par Hô Chi Minh et, de l'autre, les troupes coloniales françaises qui veulent maintenir la souveraineté de la métropole sur ce territoire. La guerre durera huit ans.

La France oppose aux communistes une armée moderne et disciplinée qui ne parvient pourtant pas à repousser les attaques-surprises et les tactiques de guérilla des Vietnamiens. La guerre s'intensifie avec son internationalisation. La Chine, devenue communiste avec la révolution rouge menée par Mao, vient en aide militairement aux forces du Viêt-minh. De son côté, la France obtient l'aide des États-Unis en 1950, au moment où éclate la guerre de Corée (1950-1953). Cet appui est surtout aérien et permet à la France de reprendre l'avantage sur le terrain, du moins jusqu'en 1951. À partir de cette date, le changement de commandement des troupes françaises d'Extrême-Orient et la condamnation du conflit par de nombreux intellectuels communistes et socialistes français, jugeant la guerre trop coûteuse et intolérable, fait vaciller le cours du combat.

La France envisage alors de focaliser le Viêt-minh sur un seul terrain : l'opération Castor mise ainsi sur la prise de Diên Biên Phu, ville proche des frontières laotienne et chinoise. Située dans une cuvette, la ville offre des possibilités pour manœuvrer des forces terrestres et aériennes. Voulant prendre entre deux feux les forces vietnamiennes, le piège français se referme sur lui-même et ce sont les armées coloniales qui sont prises en étau. Après plusieurs mois de combat entre mars et mai 1954, les troupes françaises capitulent le 7 mai. Diên Biên Phu est un échec cuisant. Le gouvernement français ouvre alors des négociations et des accords de paix sont signés le 20 et 21 juillet 1954 à Genève. Ces traités entérinent les indépendances du Laos, du Cambodge et le partage du Viêt Nam.

La bataille de Diên Biên Phu détermine la chute de l'Indochine française qui prend effet avec les accords de Genève du 21 juillet 1954. Ces derniers prévoient la séparation du Viêt Nam en deux zones distinctes, de part et d'autre du 17e parallèle, l'organisation d'élections dans tous les États de l'Indochine avant juillet 1956, l'évacuation des troupes françaises endéans 300 jours, le retrait du Viêt-minh du Cambodge et du Laos. Les Vietnamiens doivent choisir entre le Nord et le Sud.

Le Viêt Nam du Nord devient une République démocratique socialiste dirigée par Hô Chi Minh, qui en est fait président. Ce dernier veut unifier le pays sous son égide, et donc reprendre la lutte armée afin de faire basculer le Sud du pays sous son contrôle et sauver aussi les 10 000 à 15 000 cadres communistes qui y résident.

Le Sud Viêt Nam est gouverné par Ngô Dinh Diêm (1901-1963) qui instaure une dictature anticommuniste et nationaliste à partir de 1956, rejetant ainsi les accords de Genève qui prévoyaient l'institution d'élections libres au sein du pays. Il est soutenu économiquement et militairement par les États-Unis.

Face à la politique impérialiste et pro-américaine de Ngô Dinh Diêm, des oppositions émergent, dont le Front national de libération du Viêt Nam du Sud (créé en décembre 1960) qui regroupe des catholiques, des bouddhistes et des communistes. Il est dirigé par Nguyên Huu Tho (1910-1996). Le Front national de libération (FLN) a sa propre armée, composée principalement de soldats venant du Sud et du Nord du pays et de paysans formés à l'armement. Ces troupes armées sont appelées « Viêt-cong » par leurs ennemis, c'est-à-dire l'armée régulière du Sud Viêt Nam et les troupes américaines.

Le FLN décide dès 1955 de renverser le dictateur. Il est aidé dans sa tâche par le Nord Viêt Nam, par la Chine communiste de Mao (1893-1976) et par l'URSS. L'affrontement entre le Viêt-cong et les troupes de Ngô Dinh Diêm engendre, par le jeu des alliances avec les États-Unis, l'instauration d'une guerre larvée et sans nom, qu'on appellera plus tard la guerre du Viêt Nam. Celle-ci dure 20 ans et son issue est désastreuse pour le Viêt Nam, bien qu'il recouvre son unité territoriale en 1975.

# ACTEURS PRINCIPAUX

## HÔ CHI MINH

Hô Chi Minh vers 1946.

Né d'un père mandarin dans l'Indochine française, le jeune Nguyên Sinh Cung évolue dans un environnement culturel riche et fréquente des écoles françaises et annamites. À 10 ans, il prend le nom de Nguyên Tat Tanh, c'est-à-dire « Nguyên grandes espérances ». Réceptif aux thèses des réformistes, qui croient en l'amélioration progressive de l'Indochine sous l'égide française, il réfléchit à la situation politique de son pays.

Après avoir effectué, en tant que marin, de nombreux voyages à travers le monde, il s'installe à Paris en 1919 et forme un réseau de réflexion sur la question coloniale où l'influence de la pensée communiste commence à se faire sentir. Il participe à la rédaction d'un journal, *Le Paria*, dédié aux revendications des populations colonisées. Il prend alors le nom de Nguyên Ai Quoc, soit « Nguyên le patriote ».

En 1923, il quitte la France pour Moscou. Converti aux thèses marxistes-léninistes, il y travaille pour la Troisième Internationale, où il reçoit sa première formation politique. En 1925, en mission pour le Komintern à Canton, Nguyên Ai Quoc y crée une école dans laquelle il forme de jeunes révolutionnaires vietnamiens afin qu'ils organisent des cellules actives dans leur pays. Menacé d'arrestation, il fuit à Hong Kong où il crée, en 1930, le Parti communiste vietnamien, qui devient l'année suivante le Parti communiste indochinois (PCI).

De 1933 à 1938, il travaille à Moscou où le Komintern le met à l'écart. Il traverse sans encombre les premières grandes purges staliniennes et retourne ensuite en Chine, d'où il regagne l'Indochine en 1941. Installé dans le Nord du pays, il connaît alors la rudesse de la vie dans le maquis et loge dans une grotte. Alors que l'influence des communistes au Viêt Nam se fait grandissante, il écrit beaucoup et fonde le Viêt-minh avec les nationalistes. Il prend alors le nom de Hô Chi Minh, qui signifie « Hô à la volonté éclairée » ou « Hô puits de lumière ».

Ayant tenté de contacter les forces américaines en Chine, il est fait prisonnier et est traîné de prison en prison durant deux ans. Une fois libéré, il s'adresse à l'armée américaine, qui collabore avec lui dans le cadre de la résistance contre les Japonais.

En août 1945, alors que le Japon s'effondre, le Viêt-minh s'empare du pouvoir au Viêt Nam. Le 2 septembre, Hô Chi Minh proclame l'indépendance de son pays devant une foule enthousiaste à Hanoï.

Mais la liesse est de courte durée : le Viêt-minh ne contrôle au final qu'une moitié du pays, et la France veut rasseoir son pouvoir sur son ancienne colonie. De 1945 à 1954, la première guerre d'Indochine agite le pays. Les accords de Genève mettent fin au conflit, accordant aux communistes une victoire en demi-ton : le pays est scindé en deux, et si Hô Chi Minh préside dans le Nord la République démocratique du Viêt Nam, un régime adverse se forme au Sud Viêt Nam.

Lorsque Hô Chi Minh meurt, le 2 septembre 1969, la seconde guerre d'Indochine (1964-1975), plus couramment nommée guerre du Viêt Nam, opposant le Nord Viêt Nam soutenu par l'URSS et la Chine au Sud Viêt Nam allié aux États-Unis, ravage le pays depuis cinq ans. Elle ne prendra fin que six ans après sa disparition et mènera directement à l'unification du pays.

Depuis, un véritable culte est dédié à l'homme dont l'image a été reprise par le communisme national. Considéré comme le père de la nation, son corps est exposé dans un fastueux mausolée à Hanoï, tandis que l'ancienne capitale du Sud Viêt Nam, Saigon, est rebaptisée Hô Chi Minh-Ville.

# JEAN-BAPTISTE NGÔ DINH DIÊM

Jean-Baptiste Ngô Dinh Diêm en 1957.

Fils de mandarin (fonctionnaire lettré de l'Empire chinois) catholique et mandarin lui-même auprès de l'empereur Bao Dai (1913-1997) durant l'entre-deux-guerres, Jean-Baptiste

Ngô Dinh Diêm est nommé ministre de l'Intérieur en 1933. Prenant la tête d'une commission chargée de réformer le pays, il démissionne trois mois après sa prise de fonction, la France rejetant ses propositions de réformes législatives. À cette époque, il accuse même l'empereur d'être l'instrument de la politique coloniale française.

Anticommuniste, il préfère en 1945 s'exiler aux États-Unis plutôt que de rentrer dans le nouveau gouvernement communiste d'Hô Chi Minh au sein de la République démocratique du Viêt Nam. Cependant, juste après les accords de Genève de 1954, il est rappelé par l'empereur Bao Dai pour former un nouveau gouvernement dans le Viêt Nam du Sud.

Ngô Dinh Diêm semble tout d'abord respecter les accords de Genève lorsqu'il organise un référendum. Celui-ci, en réalité truqué, lui permet de déposer l'empereur et de prendre le pouvoir. Il crée la République du Viêt Nam, dont il fait un régime autoritaire. Il dirige ainsi son État avec son clan familial, qu'il place à tous les échelons de la vie politique. Il veut maintenir le pays dans la tradition catholique, s'opposant ainsi aux traditions chinoises, aux bouddhistes et aux communistes.

Ces réformes font naître des oppositions vives dans le pays. Les partis bouddhistes et communistes s'allient pour créer le Front national de libération du Sud Viêt Nam. Les généraux de Ngô Dinh Diêm tentent à plusieurs reprises de le renverser et de placer un nouveau dirigeant à la tête du pays. Mais le président est alors soutenu par les États-Unis qui voient en lui un opposant sérieux à Hô Chi Minh. Cette entente permet de freiner l'expansion communiste dans le pays, répondant ainsi à la politique d'endiguement communiste émise par la doctrine Truman de 1947.

L'impopularité de Diêm éclate au grand jour avec la révolte bouddhiste et l'immolation publique par le feu du bonze Thich Quang Duc (1893-1963) en juin 1963, en réponse à la répression antibouddhiste menée par le gouvernement.

Immolation du moine Thich Quang Duc, juin 1963.

Les tensions s'intensifient durant l'été 1963. Les généraux du président décident à nouveau de se soulever et de renverser le dirigeant. La rébellion est organisée par la CIA et menée par le général Duong Van Minh (1916-2001) le 2 novembre 1963. Ngô Dinh Diêm et son frère sont exécutés. La République du Sud Viêt Nam passe alors aux mains de Nguyên Van Thiêu après un second coup d'État en 1965.

# NGUYÊN VAN THIÊU

Nguyên Van Thiêu en 1967.

Fils d'un propriétaire terrien, Nguyên Van Thiêu fait ses études à Saigon puis en France dans un séminaire. Durant la Seconde Guerre mondiale, il travaille à la ferme familiale.

Après 1945, il rejoint les forces nationalistes et communistes du Viêt-minh commandées par Hô Chi Minh. Mais très vite, n'acceptant plus les exactions commises par les communistes, il rentre à l'école de la Marine française entre 1946 et 1947, puis est admis à l'académie militaire de Hué, le 1er octobre 1948.

Il s'engage alors dans l'Armée nationale du Viêt Nam en juin 1949 afin de combattre le Viêt-minh lors de la guerre d'Indochine. Il obtient successivement les grades de lieutenant (1949), capitaine (1952) puis, en 1954, commandant de 11e division d'infanterie.

Après les accords de Genève et l'instauration de la République du Viêt Nam du Sud, Nguyên Van Thiêu continue ses études militaires au sein de l'école militaire de Dalat, anciennement académie militaire de Hué. Il est promu colonel en 1959 et part étudier deux ans au Texas, à la base militaire de Fort Bliss. Il se convertit au catholicisme en 1960.

De retour au Sud Viêt Nam, il commande différentes divisions d'infanterie entre 1961 et 1962. Il participe au coup d'État du 2 novembre 1963 qui renverse le président Ngô Dinh Diêm. Il participe entre 1964 et 1965 aux différents gouvernements qui se succèdent à la tête de l'État. Les 19 et 20 février 1965, un coup d'État des généraux dépose le général Nguyên Khanh (1927-2013), chef de l'État du Sud Viêt Nam depuis 1964.

À la suite de cette révolte, Nguyên Van Thiêu se retrouve à la tête de la junte militaire qui dirige la République du Viêt Nam. Il en devient président en 1967, en pleine guerre du

Viêt Nam. Il recentre le pouvoir autour de sa personne et limite celle de l'Assemblée nationale. Il met en place des réformes agraires afin d'améliorer la vie des agriculteurs et d'accroître les rendements des cultures de riz. Tributaire des États-Unis, il mène aux côtés des Américains la lutte contre le Viêt-cong afin de supprimer le communisme dans le Sud Viêt Nam.

Réélu en tant que président en 1971, il signe les accords de Paris en 1973 qui obligent les retraits progressifs des armées américaines du Viêt Nam. Ces dernières quittent finalement le pays en 1975, laissant l'armée du Sud aux prises avec le Viêt-cong et l'armée communistes du Nord.

Le Viêt Nam est alors vite conquis par les communistes. Les populations du Sud fuient désespérément le nouveau régime vers les États-Unis et l'Europe. Nguyên Van Thiêu est contraint de démissionner, le 21 avril 1975, et s'exile aux États-Unis jusqu'à la fin de sa vie.

# LYNDON BAINES JOHNSON

Lyndon Baines Johnson en 1969.

Fils d'un député texan, Lyndon Baines Johnson est déjà prédestiné à être un politicien. D'abord enseignant, il démissionne très vite de son poste pour se consacrer à la politique.

De 1935 à 1937, il dirige une agence gouvernementale chargée des affaires de la jeunesse. Il est élu député démocrate du Texas en 1937 et siège au Parlement jusqu'en 1949. À cette date, il est promu sénateur, poste qu'il conservera jusqu'en 1961. Il devient alors un proche du nouveau président des États-Unis, John F. Kennedy (1917-1963) après son investiture en 1960.

En août 1963, bien que touché par un scandale de corruption et malfaisance financière, il décide de se présenter comme candidat à la présidence des États-Unis après le meurtre de son prédécesseur. Il réussit son coup de force et en janvier 1964, il s'installe à la Maison-Blanche.

Sous son mandat, les États-Unis entrent directement en guerre aux côtés des forces armées sud-vietnamiennes contre les insurgés communistes. En même temps que Lyndon Johnson s'engage dans la guerre du Viêt Nam, il lutte aussi contre toute forme de discrimination raciale avec l'instauration dès la première année de son mandat de la « *Great Society* », un programme qui promeut la protection de l'environnement, l'aide à l'éducation, la rénovation urbaine, la prévention contre le crime et la délinquance, l'amélioration du système de santé et l'élargissement des droits civiques à tous les Américains, notamment les Noirs.

Mais Johnson se heurte à des tensions nationales contre la guerre au Viêt Nam, dont le coût financier est passé de 103 millions en 1965 à 20 milliards en 1967. L'année 1968 est désastreuse pour le président qui voit le pays s'enflammer après l'offensive du Têt (janvier 1968). Cet assaut mené par le Viêt-cong et l'Armée populaire vietnamienne, même s'il est finalement repoussé, prend les Américains par surprise et choque l'opinion publique étasunienne, qui prend globalement position contre la guerre. À cela viennent s'ajouter les assassinats de Martin Luther King (1929-1968) et de Robert Kennedy (1925-1968), le frère de John F. Kennedy.

Les rêves d'une société égalitaire aux États-Unis et la victoire des Marines sur le sol asiatique sont réduits à néant. Lyndon Johnson se résout à limiter les interventions armées américaines au Viêt Nam et commence les pourparlers avec le Nord Viêt Nam. À la fin de son mandat en 1970, il se retire dans son ranch du Texas où il y décède trois ans plus tard.

# ANALYSE DE LA GUERRE

## UN CONFLIT ENTRE L'ARMÉE SUD-VIETNAMIENNE ET LE VIÊT-CONG (1955-1964)

Dès 1955, le régime anticommuniste instauré par Ngô Dinh Diêm souhaite moderniser le pays en mettant en place des réformes. Mais celles touchant l'économie ne sont pas appliquées, tandis que les réformes sociales limitent les libertés individuelles et empêchent tout rassemblement politique et public hostile au pouvoir en place.

Ces entraves ne font que renforcer le sentiment de colère à l'encontre de Diêm qui pratique une politique favorisant la minorité catholique et son clan familial. La résistance s'installe. Le Viêt-minh et les bouddhistes notamment, farouchement opposés à ce régime, veulent renverser Diêm et favoriser l'unification du pays sous le drapeau rouge.

Dans un premier temps, le gouvernement décide d'éliminer les partisans du Viêt-minh du territoire afin de casser net les mouvements de révolte contre le régime. C'est pourquoi l'armée conduit une offensive permanente contre tous ceux qui sont suspectés d'appartenir à la mouvance communiste et d'être en relation avec le Nord Viêt Nam.

Les insurgés trouvent de l'aide auprès des familles de paysans dans le delta du Mékong. Dès 1958, leur tactique d'attaque est de fragiliser l'administration de Diêm en procédant à des enlèvements ou des assassinats de hauts responsables.

Les partisans de cette rébellion, estimés à 2 500 au début de 1959, passent à 12 000 hommes en 1960. Cette affluence de résistants s'explique par la politique de délocalisation des paysans du delta du Mékong vers de nouveaux villages en construction, les « agrovilles ». Cette politique permet de séparer des rebelles des soutiens paysans, de surveiller la population locale et de mener à bien la réforme agraire qui finalement n'est pas appliquée.

Pour aider militairement les insurgés du Sud, le gouvernement du Nord Viêt Nam ordonne à ses soldats de créer une route d'approvisionnement en direction de la région. Cette voie est à l'origine de la route Hô Chi Minh. Les premiers convois arrivent dans le Sud Viêt Nam dès août 1959. Ces derniers sont doublés dès l'automne de la même année par des ravitaillements maritimes. Cette aide favorise l'unification des différents partisans anti-Diêm sous la bannière du Front national de libération du Sud Viêt Nam.

Ce dernier est créé en décembre 1960 dans la province de Tay Ninh et regroupe de nombreux membres venant de toutes les classes sociales et de toutes les régions du Sud. Son président est Nguyên Huu Tho, avocat formé par l'administration coloniale et qui a combattu dans les rangs des indépendantistes durant la guerre d'Indochine. Bien qu'il n'appartienne pas au Viêt-minh, c'est un farouche opposant à Ngô Dinh Diêm. Les forces du FNL croissent rapidement : en 1962, l'organisation peut compter sur 20 à 25 000 hommes mobilisés dans les troupes régulières et sur 80 000 partisans.

À partir de 1961, le président des États-Unis, John F. Kennedy apporte un appui stratégique et logistique à l'armée du Sud Viêt Nam prise à parti avec le FLN.

## L'INTERVENTION ARMÉE DES ÉTATS-UNIS (1964-1968)

La chute de Diêm, lié à un coup d'État de ses généraux, plonge le Viêt Nam du Sud dans une instabilité gouvernementale jusqu'à l'avènement de Nguyên Van Thiêu comme président de la République en 1967. Les États-Unis, conscients des troubles gouvernementaux de Saigon, s'engagent dès 1964 à intervenir militairement sur le terrain afin de freiner les ambitions du Nord Viêt Nam et du Viêt-cong.

Il s'agit dans un premier temps de campagnes clandestines afin de faire pression sur le gouvernement de Hanoï. Le plan 34A (OPLAN 34A) organise ainsi des incursions armées sur les frontières du Nord Viêt Nam et du Laos afin de garantir celles du Sud Viêt Nam. Ces opérations n'intimident pas le Nord Viêt Nam qui, au contraire, est bien décidé à résister aux assauts des États-Unis.

Le 2 août 1964 éclate l'affaire du Tonkin : des commandos de l'OPLAN 34A bombardent deux îles au large des côtes nord-vietnamiennes. En représailles, un destroyer américain, l'USS Maddox, qui mène une mission ultrasecrète d'enregistrement des signaux radio et radar nord-vietnamiens dans le golfe du Tonkin, est attaqué par les lance-torpilles du Nord Viêt Nam. Cet incident amène les États-Unis à déclarer une guerre ouverte au gouvernement d'Hanoï : le 7 août 1964, le Congrès américain adopte la résolution du golfe du Tonkin, autorisant le président des États-Unis à user de la force armée en Asie du Sud-Est.

L'opération Rolling Thunder est activée dès 1964. Il s'agit de bombarder le Nord Viêt Nam et de renforcer les bases américaines en place dans le Sud Viêt Nam par le débarquement de 3 500 Marines. Jusqu'en 1969, les effectifs militaires ne cessent d'augmenter considérablement, passant de 184 300 soldats en 1965 à 543 000 en 1969.

Bombardement américain sur une base du Viêt-cong, au sud de Saigon, 1965.

La stratégie militaire américaine est de mener une guerre d'usure. Le programme CORDS (Civil Operations and Revolutionary Development Support), instauré en 1964 et intensifié en 1967, consiste à pacifier la population sud-vietnamienne en multipliant des initiatives dans les domaines de l'alimentation, la médecine, l'éducation et l'approvisionnement en matériel.

Parallèlement à ces interventions humanitaires, les soldats mènent des ratissages féroces sur le territoire sud-vietnamien afin de débusquer les partisans du FLN qui trouvent aide et refuge parmi les populations paysannes. Dans les zones les moins habitées, notamment les espaces forestiers, les Vietnamiens non identifiés sont considérés comme des ennemis à abattre.

Les troupes du FLN, soutenues par la République démocratique du Viêt Nam, la Chine et l'URSS qui les approvisionnent en armes et en nourriture, mènent le conflit en adoptant la tactique de la guérilla. De brefs assauts-surprises sont suivis de désengagements et sont toujours accompagnés d'une propagande au sein des populations locales afin d'enrôler de nouveaux combattants à leur cause. Les membres du FLN se cachent dans des postes de bases souterrains dans des zones difficiles d'accès comme la forêt tropicale. Les Marines sont donc obligés d'employer de grands moyens pour les déloger. Afin de faciliter leur mouvement, ils utilisent des hélicoptères, plus faciles à manœuvrer sur ces territoires inhospitaliers. Des bombardements aux défoliants chimiques hautement toxiques sont déployés sur l'ensemble du couvert végétal afin de le dégarnir et d'affamer l'adversaire.

Un hélicoptère répand du défoliant dans le delta du Mékong, au Viêt Nam, juillet 1969.

L'usage de produits chimiques a des effets désastreux sur l'écologie du pays et la santé des Vietnamiens du Sud comme du Nord, mais a également des conséquences néfastes pour les soldats américains et pour les pays limitrophes comme le Laos et le Cambodge.

Toutes ces manœuvres n'empêchent pas la résistance du FLN qui surprend les États-Unis le 30 janvier 1968 avec l'offensive du Têt. 80 000 soldats communistes attaquent plus de 100 villes du Sud Viêt Nam. Saigon est le point central de l'offensive, les communistes ont des cibles principales :

- les quartiers généraux du commandement de l'Armée de la République du Viêt Nam ;
- le palais de l'Indépendance ;
- l'ambassade américaine ;
- la base navale de Long Binh ;
- la station de radio nationale.

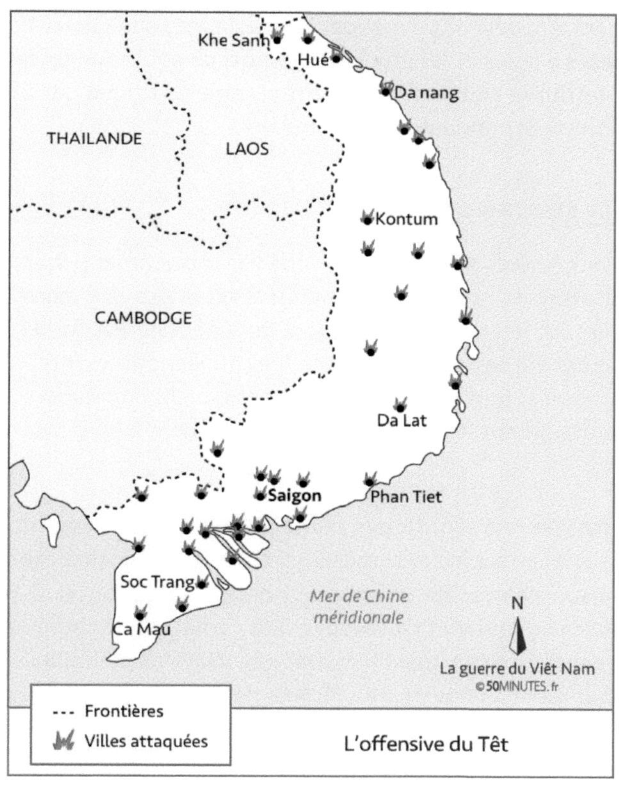



Il faut 77 jours pour venir à bout de cette offensive générale. Saigon est libérée mi-février. Le Viêt-cong, qui a perdu une grande partie de ses contingents, sort fortement affaibli de cette attaque, mais le Nord Viêt Nam ne cède pas et affirme sa puissance et son opposition aux forces armées américaines. Cette attaque ébranle le gouvernement américain, déjà mis à mal par les opposants à la guerre tels que les hippies et les étudiants. L'appel de nouveaux soldats en territoire sud-vietnamien est vivement critiqué par une partie de la population des États-Unis.



Cette guerre n'aboutit pas, comme l'espérait Washington, à une victoire rapide et totale. Le président américain Lyndon Johnson change de stratégie. Il décide de renoncer à un nouveau mandat et de stopper sans conditions les bombardements au Nord (mai 1968). Des négociations préliminaires aboutissent à l'ouverture officielle de la conférence de Paris (janvier 1969).

## LE RETRAIT PROGRESSIF DES AMÉRICAINS (1969-1975)

La conférence de Paris s'ouvre en janvier 1969, avec le but de mettre fin à la guerre du Viêt Nam. Les principaux protagonistes sont les États-Unis, le Sud Viêt Nam, le Nord Viêt Nam et le Viêt-cong – dont le nom officiel, Front national de libération (FNL), est abandonné pour celui de Gouvernement révolutionnaire provisoire (GRP) dès juin 1969. La première phase de cette conférence s'attache à faire reconnaître un nouveau gouvernement dans le Sud Viêt Nam qui ne soit ni sous influence communiste ni sous influence américaine.

Les négociations échouent en décembre 1972, date à laquelle les Américains bombardent à nouveau le Viêt Nam. Elles reprennent pourtant peu après et aboutissent le 27 janvier 1973 à un accord de cessez-le-feu prévoyant le retrait des forces américaines dans les deux mois. Le peuple sud-vietnamien doit décider de son propre sort par des élections libres organisées par les trois forces politiques du pays et cautionnées par plusieurs États étrangers dont la Chine, l'URSS, la Grande-Bretagne et la France.

Dès janvier 1973, les troupes américaines se retirent peu à peu du Sud Viêt Nam. En mars, les derniers soldats et les centaines de prisonniers américains sont rapatriés aux États-Unis. Mais les accords de Paris ne seront en réalité jamais vraiment appliqués : le président Nguyên Van Thiêu refuse de reconnaître le GRP et envisage toujours de combattre le Nord, qui répond à cette provocation par la force.

En octobre 1974, Hanoï considère officiellement les accords de Paris comme caducs et se prépare à l'offensive, car les conditions sont favorables : l'armée du Sud Viêt Nam est très affaiblie et les populations sont lasses de cette guerre interminable. Quant aux États-Unis, ils réduisent leur aide logistique sous l'effet des contestations nationales et internationales.

En mars 1975, l'Armée populaire vietnamienne (armée du Nord Viêt Nam) lance une nouvelle attaque contre le Sud. Les villes de Quang Tri, Huê, Da Nang sont abandonnées presque sans combat. Nguyên Van Thiêu quitte le pouvoir le 21 avril 1975. Les blindés nord-vietnamiens mettent fin aux tentatives de négociations en entrant à Saigon le 30 avril 1975, date qui marque la fin de la guerre du Viêt Nam. Le GRP se place alors à la tête du Sud Viêt Nam pendant une période de transition qui aboutit, le 2 juillet 1976, à la création d'un nouvel État réunifié, la République socialiste du Viêt Nam. Cependant, une grande partie de la population sud-vietnamienne fuit le nouveau gouvernement et prend le chemin de l'exil vers les États-Unis et l'Europe.

Des réfugiés sud-vietnamiens en avril 1975.

# LES RÉPERCUSSIONS DE LA GUERRE

## UNE LONGUE RECONNAISSANCE DU PAYS (1976-2000)

Le 2 juillet 1976, le Viêt Nam est officiellement réunifié et Hanoï proclame l'instauration de la République socialiste sous la présidence suprême de Tôn Duc Thang (1888-1980), ancien président de la République démocratique (Nord Viêt Nam), tandis que Pham Van Dông (1906-2000) devient chef du gouvernement. La constitution adoptée est celle de l'ancien Nord Viêt Nam.

Les problèmes économiques sont rapidement mis en lumière, notamment la nécessité de procéder à d'importants transferts de population permettant de restructurer le travail, qui seront lancés dès janvier 1977. Des contrats de coopération ou d'aide sont signés avec divers pays occidentaux, notamment avec la France.

Des tensions politiques se développent entre Hanoï et le Cambodge dominé par les Khmers rouges (communistes cambodgiens) depuis 1975. Ces derniers accusent le Viêt Nam de vouloir les contrôler et demandent de l'aide auprès de la Chine afin de récupérer des territoires vietnamiens. Les querelles territoriales entre les deux pays aboutissent le 25 décembre 1978 à une offensive militaire vietnamienne au Cambodge qui met fin à la domination des Khmers rouges et apporte au Viêt Nam l'hégémonie dans le Sud-Est asiatique.

Cette prépondérance du Viêt Nam, allié depuis juin 1978 à

l'URSS, inquiète fortement la Chine qui attaque le pays le 17 février 1979. Après de durs combats, les troupes chinoises doivent se retirer et des négociations de paix sont ouvertes. Cependant, la guerre est toujours menée secrètement, car la Chine arme les Khmers rouges encore présents dans la région jusqu'en 1991. Malgré cette menace, le pouvoir politique vietnamien se renforce. Des accords pour la paix et l'attribution de territoires sont signés avec Pékin en décembre 1999.

Après 1991, le Viêt Nam se rapproche des pays de l'ASEAN (Association des nations de l'Asie du Sud-Est). Commerce et investissements connaissent alors un développement rapide. En juillet 1992, il signe le traité d'amitié et de coopération de l'ASEAN, et en devient le septième membre en juillet 1995.

Il faut attendre juillet 2000 pour que le Viêt Nam et les États-Unis signent un accord de normalisation de leurs relations économiques, à la satisfaction d'Hanoï qui voit s'ouvrir le chemin de l'Organisation mondiale du commerce (OMC). En novembre de la même année, Bill Clinton (né en 1946) est le premier président américain à se rendre au Viêt Nam. En 2002, les États-Unis deviennent le premier partenaire commercial du Viêt Nam, devant le Japon et la Chine.

## UN TRAUMATISME POUR LES VÉTÉRANS ET LES VIETNAMIENS

Pour les anciens soldats américains revenus de la guerre du Viêt Nam, ce conflit constitue un choc psychologique dont ils peinent à se remettre. Ils ont en effet été soumis à rude épreuve.

Hormis l'acclimatation au climat tropical, ils ont subi des assauts les laissant sur le qui-vive en permanence. Pour passer le temps, ils ont eu recours à l'alcool, aux cigarettes, à la drogue. Les soldats du Viêt-cong leur étant présentés comme des ennemis héréditaires et sans scrupules, ils n'ont pas hésité à détruire des vies sans aucun regret, devenant des machines à tuer. Les femmes capturées sont souvent violées ou enrôlées comme prostituées. Les corps des hommes ont également été mis à rude épreuve : certains ont été gravement mutilés par les mines antipersonnel, d'autres souffrent de cancers et autres maladies causées par l'utilisation massive de défoliants comme l'agent orange, très toxique.

L'ensemble de ces conditions a gravement nuit à la réinsertion des soldats américains à leur retour dans leur patrie. Les vétérans ont la mémoire de cette horrible guerre et, pour beaucoup, il est difficile d'oublier les atrocités perpétrées au nom d'une politique d'endiguement. La plupart sont suivis psychologiquement, certains ayant même été internés afin d'être maîtrisés.

Si son coût financier a été énorme, le coût humain l'est plus encore. Près de 60 000 soldats américains ont été tués durant ce conflit.

Cependant, c'est la population sud-vietnamienne qui en a payé le plus lourd tribu, avec plus de deux millions de morts civils et presque autant de militaires. Les enfants n'ont pas été épargnés : entre 1961 et 1966, 250 000 enfants ont été blessés et 10 000 ont été accueillis dans des orphelinats. Des millions d'entre eux ont été regroupés dans des camps de réfugiés et beaucoup sont devenus des vagabonds.

De nos jours, le traumatisme de ce conflit reste encore très présent parmi la population. Selon des enquêtes menées entre 1989 et 1997 sur les répercussions de la guerre sur les enfants vietnamiens, de nombreux jeunes âgés de 7 à 13 ans souffrent de troubles psychologiques ou de troubles du comportement comme anxiété, tics voire hystérie, liés au fait que leurs pères ont été au combat.

Comme pour les vétérans américains, la population vietnamienne est touchée par de graves maladies provoquées par les effets nocifs des défoliants et l'agent orange déversés sur le Sud du pays durant la guerre. De nombreux enfants naissent difformes. Les cancers se multiplient. On estime à près de 4 800 000 victimes de ce fléau chimique. Si les soldats américains ont pour la plupart été indemnisés par leur pays, les causes de malformations et autres traumatismes ne sont pas reconnus par les États-Unis sur les populations vietnamiennes.

# EN RÉSUMÉ

- 26 avril-21 juillet 1954 : la conférence de Genève met fin à la guerre d'Indochine et partage provisoirement le Viêt Nam en deux zones d'administration distinctes, de part et d'autre du 17ᵉ parallèle. Le Nord est communiste, le Sud est nationaliste et pro-américain.
- Juillet 1956 : le Sud Viêt Nam refuse d'organiser les élections prévues par les accords de Genève en vue de la réunification du pays. Les oppositions au régime en place commencent à se manifester.
- Février 1959 : Les communistes sud-vietnamiens lancent une insurrection contre le régime. Ils sont soutenus par le Nord Viêt Nam d'Hô Chi Minh.
- 20 décembre 1960 : Le Front national de libération du Viêt Nam du Sud (FNL), plus communément appelé « Viêt-cong » par ses ennemis, est créé.
- 7 août 1964 : le Congrès américain vote la résolution du Tonkin, qui permet au président Johnson d'engager massivement l'armée américaine dans le conflit vietnamien.
- Février 1965 : les États-Unis commencent à bombarder le Nord Viêt Nam.
- Janvier-février 1968 : le FNL lance l'offensive du Têt dans toutes les villes du Sud Viêt Nam.
- 31 mars 1968 : les États-Unis arrêtent les bombardements sur le Nord Viêt Nam, ce qui permet de négocier avec Hô Chi Minh.
- 27 janvier 1973 : les accords de Paris entérinent le retrait américain du Viêt Nam.
- 30 avril 1975 : le Sud Viêt Nam capitule sans conditions

après l'entrée des troupes communistes à Saigon.
- 2 juillet 1976 : le Viêt Nam est officiellement réunifié et prend le nom de République socialiste du Viêt Nam.

Votre avis nous intéresse !
Laissez un commentaire sur le site de votre librairie en ligne
et partagez vos coups de cœur sur les réseaux sociaux !

# POUR ALLER PLUS LOIN

## SOURCES BIBLIOGRAPHIQUES


- JACOBS (Seth), Cold War Mandarin: Ngo Dinh Diem and the Origins of America's War in Viêt-Nam, 1950–1963, Lanham (Maryland, USA), Rowman & Littlefield,2006
- JOURNOUD (Pierre), La guerre du Viêt Nam 1964-1975, Collection 15 mn d'histoire, Paris, Edition Perrin, 2014
- NGUYEN (Eric), L'Asie géopolitique, de la colonisation à la conquête du monde, Collections perspectives, Paris, Edition Studyrama, 2006.
- PRADOS (John), La Guerre du Viêt Nam, Paris, Edition Perrin, 2015.
- PORTES (Jacques), Les Américains et la guerre du Viêt Nam, Questions du XXème siècle, Bruxelles, Edition Complexe, 1993.


## FILMS ET DOCUMENTAIRES


- Images inconnues, la Guerre du Viêt Nam, Documentaire français, films de Daniel Costelle et Isabelle Clarke, France, 1997.
- Guerre du Viêt-Nam, au cœur des négociations secrètes, film de Daniel Roussel, France, 2014.
- La Guerre au Viêt Nam, film d'Edouard Sablier (journaliste), France, 21 août 1964.

# ICONOGRAPHIE

- Hô Chi Minh en 1921. La photo reproduite est réputée libre de droits.
- Hô Chi Minh vers 1946. La photo reproduite est réputée libre de droits.
- Jean-Baptiste Ngô Dinh Diêm en 1957. La photo reproduite est réputée libre de droits.
- Immolation du moine Thich Quang Duc, juin 1963. © Malcolm Browne
- Nguyên Van Thiêu en 1967. La photo reproduite est réputée libre de droits.
- Lyndon Baines Johnson en 1969. La photo reproduite est réputée libre de droits.
- Bombardement américain sur une base du Viêt-cong, au sud de Saigon, 1965. © U.S. National Archives and Records Administration
- Un hélicoptère répand du défoliant dans le delta du Mékong, au Viêt Nam, juillet 1969. © U.S. National Archives and Records Administration
- Des réfugiés sud-vietnamiens en avril 1975. La photo reproduite est réputée libre de droits.

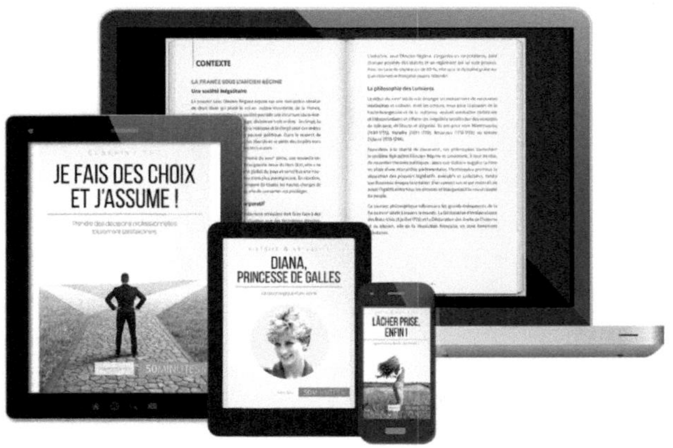